16151

Ouvre l'œil

Les limaces et les escargots

Sally Morgan

GAMMA • ÉCOLE ACTIVE

Sommaire

Les limaces et les escargots 4

Une famille nombreuse 6

Les coquilles 8

La forme des coquilles 10

La terre et l'eau 12

Se déplacer sur terre 14

Dans l'eau 16

Une langue râpeuse 18

Les attaques **20**

La nuit **22**

Trouver son chemin **24**

De l'œuf à l'adulte **26**

Observe à la loupe **28**

De toutes les tailles **30**

Glossaire **31**

Index **32**

Les mots en **gras**
sont expliqués page 31.

Les limaces et les escargots

La limace et l'escargot appartiennent à un groupe d'animaux, les **mollusques**. La plupart des mollusques ont une **coquille**. L'escargot porte sa coquille sur le dos. La limace a aussi une petite coquille cachée dans le corps. Ces deux animaux glissent lentement sur un large **pied**. Ce pied est un muscle plat qui se trouve sous la limace et l'escargot.

L'escargot a une coquille dure et un corps mou.

Le corps de cette grosse limace noire est couvert d'une bave gluante.

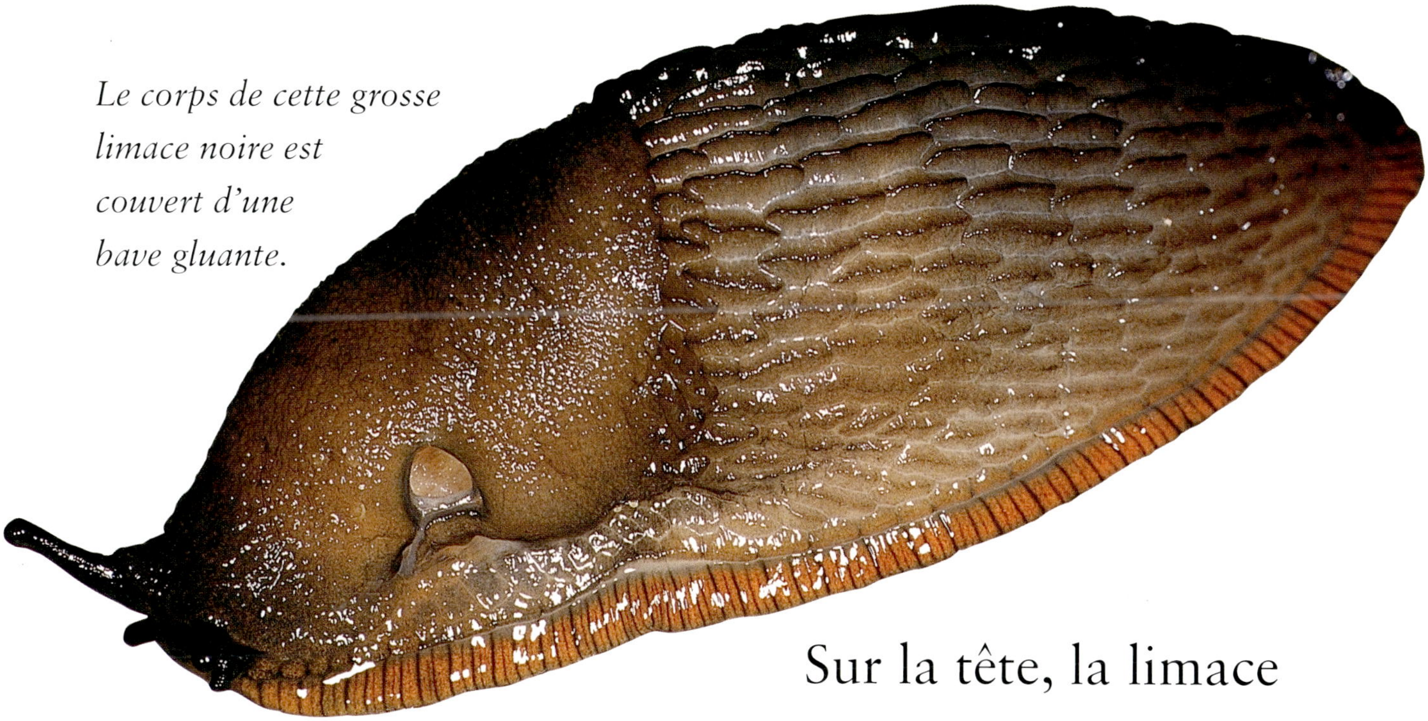

Sur la tête, la limace et l'escargot portent quatre **cornes**, deux longues et deux petites. Les plus longues cornes lui permettent de voir et les plus petites de sentir et de goûter.

Cet escargot géant, l'achatine, vit dans les forêts d'Afrique tropicale.

Une famille nombreuse

Beaucoup de mollusques vivent dans les jardins et les bois, mais davantage habitent les étangs, les rivières et les océans. Les plus grands mollusques sont le calmar, la seiche et le poulpe. Ils vivent dans la mer. Ils ont de longs **tentacules** couverts de **ventouses**. Leur coquille se trouve dissimulée à l'intérieur du corps.

Cette limace aux couleurs éclatantes vit dans l'eau.

La seiche a dix tentacules sur l'avant de la tête.

La taille des mollusques varie. Certains escargots ne font que quelques millimètres de long, alors que le calmar géant atteint vingt mètres.

Les moules vivent sur le littoral. Elles se fixent sur les rochers.

Les coquilles

La coquille de l'escargot est faite d'une matière dure, le **calcaire**. Elle protège le corps mou de l'escargot. Lorsque l'escargot a peur ou est attaqué par un autre animal, il rentre le corps dans sa coquille. En grandissant, l'escargot augmente la taille de sa coquille. L'escargot ajoute de la matière sur les bords

L'escargot des bois a une coquille en ***spirale*** *blanc jaunâtre rayée de brun.*

L'escargot allonge le corps pour se déplacer ou manger.

de sa coquille pour l'agrandir. Si la coquille a la forme d'une spirale, la spirale devient de plus en plus grande.

Lorsque tu touches un escargot, il rentre aussitôt dans sa coquille.

Un bernard-l'hermite n'a pas de coquille dure. Il loge son corps mou dans une coquille abandonnée.

La forme des coquilles

Les coquilles des mollusques sont de formes et de tailles différentes. Certaines coquilles sont en cône, d'autres en spirale. La moule, l'huître et la palourde sont des mollusques marins. Ce sont des **bivalves**, c'est-à-dire qu'ils ont une coquille en deux parties jointes par une charnière. Les bivalves ouvrent et ferment leurs coquilles comme on ouvre et ferme une porte. Les coquilles peuvent être de couleurs

Le triton est un mollusque marin dont la très grosse coquille était utilisée comme trompette.

La coquille Saint-Jacques est composée de deux parties ; c'est un bivalve.

différentes. Celle des escargots des bois est souvent marron, alors que celles des mollusques marins sont de couleurs vives. Certaines coquilles comportent des taches et des rayures.

Une coquille sciée en deux montre une spirale qui tourne, tourne…

La terre et l'eau

La limace et l'escargot aiment les champs humides et les sous-bois ombragés. Ils se cachent sous les écorces et les feuilles. Seules quelques espèces habitent dans les régions chaudes et sèches.

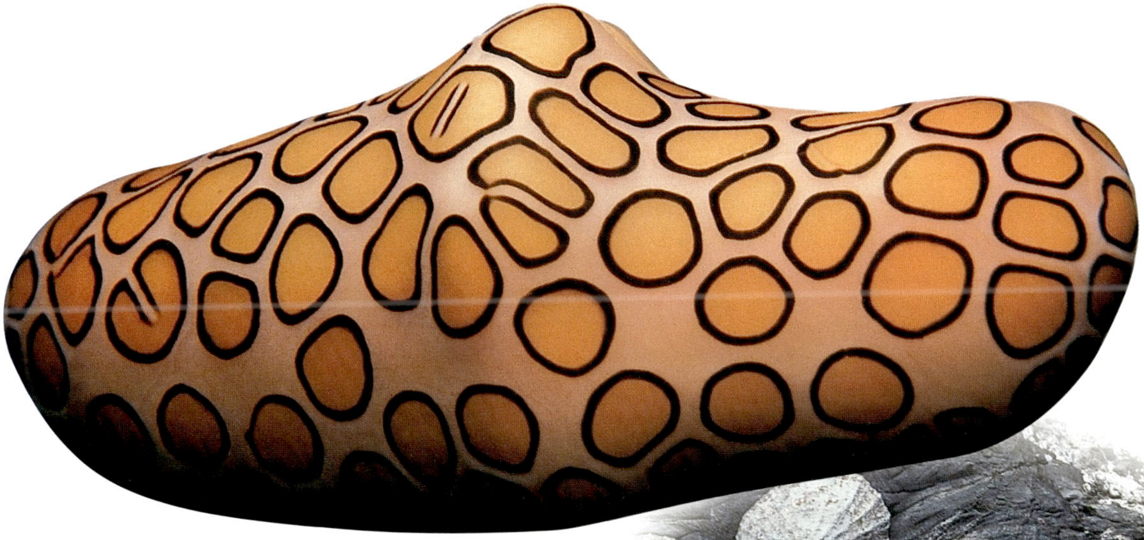

Ce mollusque vit sur les récifs de corail.

Les patelles s'accrochent sur les récifs du rivage. Elles vivent aussi bien dans l'eau qu'au dehors.

Beaucoup d'escargots vivent dans l'eau. Il y a des escargots dans chaque étang. Sous les tropiques, des escargots très colorés habitent les **récifs de corail**. On trouve également des escargots sur le rivage, dans les mares des rochers ou enfouis dans le sable.

Se déplacer sur terre

La limace et l'escargot se déplacent lentement. Ils rampent sur un muscle plat appelé le pied. Le dessous du pied est couvert d'une bave collante, le **mucus**. Cette bave permet à l'escargot de glisser sur le sol et le protège des épines.

Le pied de l'escargot est deux fois plus long que sa coquille.

Le dessous du pied de l'escargot est plat et protégé par de la bave.

Sur leur chemin, l'escargot et la limace laissent une trace de bave brillante.

Dans l'eau

Les escargots d'eau se déplacent aussi grâce à leur pied. Ils glissent sur les fonds et s'accrochent aux plantes. Les gros mollusques se meuvent de différentes manières. La coquille Saint-Jacques fait des bonds sur le fond marin quand elle est attaquée.

La coquille Saint-Jacques fait des bonds sur le sol marin.

Le calmar et le poulpe
se propulsent grâce
à de puissants jets d'eau
qui les poussent en arrière.

La limnée est un escargot d'eau qui vit dans les étangs.

Les tentacules de ce poulpe sont couverts de ventouses.

Une langue râpeuse

L'escargot et la limace sont redoutables dans les jardins. Leur langue, couverte de centaines de dents, est râpeuse comme du papier de verre. La limace et l'escargot utilisent leur langue rugueuse pour râper les feuilles.

Cet escargot de Bourgogne mange une feuille en la râpant avec sa langue.

Les animaux qui se nourrissent de plantes sont des **herbivores**. Beaucoup de limaces et d'escargots sont herbivores, mais quelques-uns sont **carnivores**. Ils mangent d'autres animaux.

Les limaces mangent des fruits, des feuilles et des champignons.

Ces escargots de mer, les buccins, sont carnivores. Avec leur longue trompe, ils percent les coquilles d'autres escargots.

Les attaques

De nombreux animaux mangent les limaces et les escargots. La grive prend l'escargot dans son bec. Puis, elle écrase la coquille contre une pierre. L'oiseau peut alors manger le corps mou qui est à l'intérieur. La grive utilise toujours la même pierre. Tout autour, se trouvent les morceaux de coquilles de tous les escargots qu'elle a mangés.

Parfois, les escargots sont attaqués par des fourmis. Les fourmis mordent le corps mou des escargots qui en meurent.

Certaines limaces de mer sont très colorées. Ces couleurs vives signalent aux **prédateurs** qu'elles sont empoisonnées. Leur corps est couvert de **cellules urticantes** qui viennent se planter dans le corps des prédateurs, leur injectant un **venin**.

Cette limace de mer est venimeuse. Ses couleurs vives effraient les prédateurs.

La nuit

Le jour, l'escargot et la limace s'abritent sous les bûches, les pots de fleurs et les pierres. Ils sortent la nuit, quand le temps est plus frais. Ils apprécient la chaleur humide des soirs de printemps et d'automne. Un soir après la pluie, si tu sors équipé d'une lampe-torche, tu observeras des dizaines d'escargots cherchant leur nourriture.

Ces escargots se cachent dans un pot de fleurs pendant la journée.

L'ouverture de la coquille de cet escargot est bouchée par de la bave durcie.

Par temps chaud, les escargots se groupent sur un piquet de clôture. Ils attendent la pluie pour sortir de leur coquille.

Au soleil, l'escargot se dessèche. Il bouche l'ouverture de sa coquille par de la bave durcie. Cela empêche l'eau de son corps de s'évaporer.

Trouver son chemin

L'escargot et la limace se servent de leurs cornes pour s'orienter. L'escargot possède deux paires de cornes sur le devant de la tête. La paire la plus courte lui permet de sentir et de goûter. Au bout de chacune des longues cornes se trouve un petit œil.

L'escargot a une mauvaise vue,
mais il détecte la lumière
qui lui permet de se diriger.

Cette limnée utilise ses cornes pour trouver sa nourriture.

De l'œuf à l'adulte

Les escargots de terre creusent des nids dans le sol et y pondent de petits œufs blancs. Ils pondent jusqu'à quarante œufs par trou. Après quatre semaines, de minuscules bébés escargots sortent de leur œuf. Ils commencent à manger et grandissent très vite.

1. Les escargots pondent de petits œufs blancs dans le sol.

2. Les bébés sortent de l'œuf. À mesure qu'ils grossissent, leur coquille s'agrandit.

Les escargots d'eau pondent des œufs sur les plantes aquatiques. Leurs œufs sont enrobés dans une gelée qui empêche les autres animaux de les manger.

Cette goutte de gelée enveloppe les œufs d'un escargot d'eau.

3. Un escargot atteint sa taille adulte au bout de deux ans. Certaines espèces vivent dix ans.

Observe à la loupe

Tu rencontreras des limaces et des escargots les soirs chauds et humides. Pour les attraper, fabrique un piège avec une peau de pamplemousse. Ils s'y réfugieront pendant la journée. Place ensuite les animaux capturés dans un vivarium humide et à l'ombre. Mets de la terre et des feuilles dans le vivarium. Puis, ajoute des brindilles et des cailloux couverts de mousse. Vérifie que le vivarium possède un couvercle. Nourris les escargots avec des feuilles de salade.

Pour le piège, la peau d'un demi pamplemousse doit reposer sur une pierre.

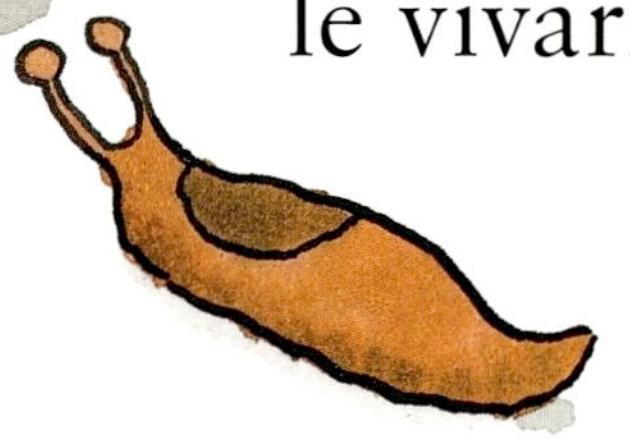

Tu peux garder les escargots dans un vivarium pendant quelques semaines.

Les escargots et les limaces se sentent en sécurité dans la main.

Observe-les avec une loupe. Place-les sur une plaque de plexiglas pour les voir glisser d'en dessous. Observe le comportement des escargots dans la nature. Pour les reconnaître, peins un numéro sur leur coquille. Puis, replace-les dans ton jardin. Tu verras ainsi où ils se cachent, comment ils se déplacent et ce qu'ils mangent.

Demande à un adulte de vérifier que la peinture n'est pas toxique.

De toutes les tailles

Les limaces et les escargots sont de différentes tailles. Les photographies de ce livre ne montrent pas les animaux à leur taille réelle. Par contre, les animaux présentés ci-dessous sont à leur exacte dimension.

Escargot des bois
4 cm de large

Limace de mer
4 cm de long

Buccin
2 cm de large

Grosse limace noire
plus de 15 cm de long

Glossaire

bivalve : mollusque dont les coquilles comportent deux valves jointes par une charnière.

calcaire : matière de certaines roches, comme la craie.

carnivore : animal qui mange d'autres animaux.

cellule urticante : partie d'un animal qui sécrète un venin.

coquille : enveloppe dure, calcaire de certains mollusques.

corne : antenne sur la tête des escargots et des limaces.

herbivore : animal qui ne mange que de l'herbe et des plantes.

mollusque : animal au corps mou souvent recouvert d'une coquille.

mucus : bave gluante sécrétée par certains animaux.

pied : partie plate du corps de l'escargot ou de la limace qui lui sert à se déplacer.

prédateur : animal qui chasse d'autres animaux.

récif de corail : barrière dans la mer fermée par l'accumulation de corail. Le corail est un petit animal marin recouvert de calcaire.

spirale : courbe qui tourne autour d'un point en s'éloignant de plus en plus de lui.

tentacule : membre allongé et souple de certains mollusques.

venin : liquide empoisonné fabriqué par l'animal.

ventouse : organe rond qui permet à certains animaux de se fixer.

Index

achatine 5

bave 5, 14, 15, 23
bernard-l'hermite 9
bivalve 10, 11, 31
buccin 19, 30

calcaire 8, 31
calmar 6, 7, 17
carnivore 19, 31
cellule urticante 21, 31
coquille 4, 6, 8, 9, 10, 23, 31
coquille Saint-Jaques 10, 16

corne 5, 24, 25, 31

herbivore 19, 31
huître 10

langue 18
limnée 17, 25

mollusque 4, 5, 31
moule 7, 10
mucus 14, 31

œuf 26, 27

palourde 10
patelle 4, 13
pied 4, 14, 15, 31
poulpe 6, 17
prédateur 20, 21, 31

récif de corail 13, 31

seiche 6, 7
spirale 8, 9, 10, 11, 31

tentacule 6, 17, 31
triton 10

venin 21, 31
ventouse 6, 17, 31

Traduit par Amélie Léveillé.
Dépôt légal : Septembre 2000.
Bibliothèque nationale.
ISBN 2-7130-1894-3.

Exclusivité au Canada :
Éditions École Active
2244, rue de Rouen, Montréal, Qué. H2K 1L5.
Dépôts légaux : 3e trimestre 2000.
Bibliothèque nationale du Québec,
Bibliothèque nationale du Canada.
ISBN 2-89069-619-7.

Imprimé à Singapour.

Crédits photographiques :
C.I.Bernard/OSF : 25b. Chinch Gryniewiez/Ecoscene : 13, 24. Papilio : 2t, 3, 4, 5t, 5b, 7t, 8b, 21b, 23t, 23b, 30cl, 30cr. Jean Preston-Mafham/Premaphotos : 19b. Ken Preston-Mafham/Premaphotos : 2b, 6, 11c, 11br, 13t, 15b, 17t, 17b, 19t, 20, 21t, 26, 27, 30bl, 30br. Rod Preston-Mafham/Premaphotos : 15t, 27b. Barrie Watts : 9t, 10, 12, 14, 18, 22. Robin Williams/Ecoscene : 1, 7b, 8, 16, 25t.

Loi n° 49-956 du 16 juillet 1949
sur les publications destinées à la jeunesse.